BEI GRIN MACHT SICH IHR WISSEN BEZAHLT

AF148270

- Wir veröffentlichen Ihre Hausarbeit,
  Bachelor- und Masterarbeit

- Ihr eigenes eBook und Buch -
  weltweit in allen wichtigen Shops

- Verdienen Sie an jedem Verkauf

Jetzt bei www.GRIN.com hochladen und kostenlos publizieren

Matthias Sühl

Über die faktualen Ansprüche in "Zahra`s Paradise"

GRIN Verlag

Bibliografische Information der Deutschen Nationalbibliothek:

Die Deutsche Bibliothek verzeichnet diese Publikation in der Deutschen National-
bibliografie; detaillierte bibliografische Daten sind im Internet über http://dnb.d-
nb.de/ abrufbar.

Impressum:

Copyright © 2012 GRIN Verlag GmbH
Druck und Bindung: Books on Demand GmbH, Norderstedt Germany
ISBN: 978-3-656-34905-1

Dieses Buch bei GRIN:

http://www.grin.com/de/e-book/207437/ueber-die-faktualen-ansprueche-in-zahra-
s-paradise

Ernst-Moritz-Arndt-Universität Greifswald

Institut für Deutsche Philologie

Hauptseminar: Zeichen-Welten: Comic, Manga, Graphic Novel

Wintersemester 2011/12

Über die faktualen Ansprüche in „*Zahra`s Paradise*"

Matthias Sühl

Lehramt HS/RS

Deutsch   (8. Fachsemester)

Geschichte   (11. Fachsemester)

Philosophie   (11. Fachsemester)

1. Einleitung

Comics nehmen seit Jahren einen immer größeren Stellenwert ein. Nach trostlosen Tagen im hintersten Zeitschriftenregal nahmen sie ihren Weg über Buchgeschäfte und Kinosäle in den Blickwinkel der Literaturwissenschaft. Sogenannte eingefleischte Fans mag dies weniger verwundern als den Typus Leser, welcher seine Aufmerksamkeit noch ausschließlich einer traditionellen Lektüre widmet. Heute bietet sich uns aber bereits eine breite Masse an neuer Qualität. So darf die große mediale Betrachtung von Amirs und Khalils Comic *Zahra's Paradise* also keine Verwunderung auslösen. Fast dreieinhalb Millionen Interneteinträge kennt die Suchmaschine Google zu diesem Werk. Darunter befinden sich zahlreiche Rezensionen, Berichte zur Entstehung und Filmbeiträge aus unterschiedlichen Fernsehsendungen, meistens wichtige Nachrichtenformate. Die Journale sehen darin ein Abbild des Arabischen Frühlings und eine Dokumentation der Grünen Revolution im Iran. Der Hauptaspekt des Interesses liegt oftmals weniger in der fiktiven Suche einer Familie nach ihrem verschwundenen Sohn und Bruder als in der Entblößung eines Regimes durch die Bilder der Erzählung. Spiegel Online spricht von der Popkultur, die Geschichte macht oder dem tödlichen Zeitbezug, den diese offenbart.[1]

Wie und woraus entstehen die zahlreichen faktualen Ansprüche, welche dem vorliegenden Comic zugeordnet werden? Was bedeutet das? Da jene aus einer fiktiven Geschichte gezogen werden, muss es eine besondere Wechselbeziehung zwischen Leser und Text geben. Mit der Arbeit soll herausgestellt werden, worin und bei wem diese Ansprüche zu verorten sind. Hierzu müssen zunächst zwei Begriffe geklärt werden. Die Gegenüberstellung fiktional und faktual soll das hiesige Verständnis von zweitem klar herausfiltern. Danach wird die hier verwendete, historische Leerstelle erläutert, um sie als wichtiges Erkennungsmerkmal faktualer Ansprüche einzuführen. Im Hauptteil der Untersuchung stellen sich fünf Fragen, die der Beantwortung der Leitfrage dienlich sein können: Liegt bereits in der Bezeichnung Graphic Novel ein selbsternannter Anspruch auf Realitätsbezug? Was macht einen Geschichtscomic aus und entspricht *Zahra's Paradise* einer solchen

---

[1] http://www.spiegel.de/kultur/gesellschaft/0,1518,700345,00.html [Stand: 15.04.2012].

Definition? Was fällt diesbezüglich in der Bild-Text-Relation auf und welche besonderen Darstellungen ergeben sich hierbei? Zuletzt soll noch ein kurzer Blick auf das Glossar und den Anhang geworfen werden, die möglicherweise einen speziellen Rahmen der Information schaffen.

Im letzten Kapitel sollen die Ergebnisse schließlich zusammengefasst und ein erster Versuch unternommen werden, die Leitfrage anhand dieser zu beantworten. Dabei stellt dies nur ein Angebot dar, welches auf einige ausgesuchte Stellen des Werks Bezug nehmen kann. Zitiert wird im laufenden Text, die Bildnummern beziehen sich auf die Reihenfolge der im Anhang zu findenden Abbildungen und die Seitenzahlen auf den Comic.

2. Fiktional vs. Faktual

Die Unterscheidung zwischen fiktional und faktual stellt oftmals eine vorerst nicht erahnte Schwierigkeit dar. Sprechen wir von Erzählungen, sind diese Begriffe unabkömmlich. Ein Roman bietet uns in seiner fiktionalen Darstellung fiktive Charaktere und ihre Geschichten. Ein faktualer Bericht hingegen vermittelt uns wirkliche Vorgänge, historische Ereignisse. In Überlegungen zu dieser Thematik scheinen die Grenzen immer wieder zu verschwimmen. Martinez und Scheffel sprechen bezüglich der Erzählung von „Realitätscharakter" und „Redesituation" sowie den Merkmalspaaren „real vs. fiktiv" und „dichterisch vs. nichtdichterisch".[2] Die sich daraus ergebenden Kombinationsmöglichkeiten erlauben z.b. hinsichtlich des faktualen Erzählens einen authentischen Bericht, welcher der Wahrheit entspricht oder dem Leser eine Lüge auftischt. Der Verfasser richtet sich über seinen Text direkt an sein Publikum.

Fiktionale Texte hingegen weisen noch eine „zweite, imaginäre Kommunikationssituation" auf.[3] Der hier eingesetzte, fiktive Erzähler wendet sich an den Leser und beansprucht für seine Aussagen einen Wahrheitsgehalt. Dabei kann hierfür der reale Autor nicht zur Verantwortung gezogen werden. Somit stehen real-inauthentische Aussagen imaginär-authentischen gegenüber. Trotz zahlreicher Überlegungen zur Thematik der Erzählung, ließe sich *Zahra's Paradise* eindeutig in die fiktionale Literatur einordnen. Die bereits zitierte Berichterstattung der Medien spricht vom Comic-Roman und so von einem wichtigen Signal des Textes, welches uns die Rezeption des Werks als Fiktion vorgibt. Aufgrund der Tatsache, dass es sich um eine Bildergeschichte handelt, kann uns jedes Kapitel mindestens einmal den Erzähler an seinem Werkzeug, dem Computer, zeigen. Text und Bild referieren so auf die eigene Fiktionalität, gleichzeitig auf die äußere Entstehungsgeschichte des Werks innerhalb eines Internetblogs. Der von Janik bei Martinez und Scheffel zitierte Begriff der „kommunizierten Kommunikation" wird hiermit sichtbar.[4]

---

[2] Martinez, Matias/Scheffel, Michael: Einführung in die Erzähltheorie. München, 8. Aufl. 2009, S. 10.
[3] Ebd., S. 17.
[4] Vgl. ebd., S. 17.

Die zahlreichen Aspekte, hinsichtlich der Merkmale fiktionaler Erzählungen, lassen bei der hiesigen Überprüfung keine Schwierigkeit entstehen, die Frage, ob *Zahra's Paradise* fiktional oder nicht-fiktional sei, zu beantworten. Dennoch benötigen wir eine Definition der faktualen Ansprüche, die gerade durch diese Geschichte entstehen. Hierzu sollten wir das Feld der angeführten Begriffe räumen, um möglichen Verwirrungen vorzubeugen und einen neuen einzuführen, der bereits in der Einleitung anklang: Dokumentation.

Dirk Werle stellt die Begriffe Fiktion und Dokument nicht gegenüber, sondern nebeneinander, um „sie unterschiedlichen Ebenen der Textbeschreibung zuzuordnen".[5] Während er erstem charakteristische Eigenschaften zuschreibt, sieht er in zweitem die Erfüllung einer Funktion. „Nicht dass das Dokument auf Faktisches referiert, ist zentral, sondern dass es das zu einem bestimmten Zweck tut [...] In erster Linie gilt das Dokument als Instrument der Erkenntnisgewinnung und – vermittlung so wie der logische Schluss oder der Augenzeugenbericht".[6] Mit diesen Überlegungen können wir die faktualen Ansprüche im vorliegenden Werk identifizieren. Setzten wir diese mit Dokumenten in Texten gleich, ist es überflüssig von Fiktionalität oder Nicht-Fiktionalität zu sprechen. Werle zeigt in seinen weiteren Ausführungen, anhand von vier Beispielen, dass Dokumente in beider Arten Text eingesetzt werden können. In fiktionalen würden sie auf verschiedene Weise immer wieder Realität suggerieren.[7]

Die Funktionen der Dokumente, bzw. der gewollten, faktualen Ansprüche, können wir in einem ethisch-moralischen, didaktischen Sektor ansiedeln. Nach Werle behandelt dieser Fragen „der Schuld", des „Nicht-zu-Vergessenden" und der „historischen Verantwortung" – letztlich das „Erinnern und Präsentmachen von Gewesenem".[8] Bezüglich der medialen Aufarbeitung von *Zahra's Paradise* sind es diese Aspekte, welche Lesern und Redakteuren gleichermaßen auffallen sollen. Nur durch das eigene Wissen über Konventionen können wir Dokumenten das Nachweisen von Faktizität bescheinigen. Die Identifikation von Dokumenten

---

[5] Werle, Dirk: Fiktion und Dokument. Überlegungen zu einer gar nicht so prekären Relation mit vier Beispielen aus der Gegenwartsliteratur. In: Non Fiktion 1 (2006), S. 112.
[6] Ebd., S. 113.
[7] Vgl. ebd., S. 117.
[8] Ebd., S. 118.

wiederum läuft nach Werle über ihr Auftreten als Montage ab.[9] Für hiesige Überlegungen ist es wichtig, geltende Konventionen zu kennen. Dazu gehören in jedem Falle Kenntnisse über gegenwärtige, historische Ereignisse und Zustände. Hierzu muss sich im nächsten Kapitel noch mit den historischen Leerstellen befasst werden.

Gerade im Kontext eines Comics ist zu klären, wie durch Bilder, ihre Motive und mögliche Verfremdungen sowie zugehörige Texte die Funktionen der hiergenannten, faktualen Ansprüche zu analysieren und zu interpretieren sind. Dabei geht es keineswegs darum, ob diese das Werk in ihrer Außendarstellung realer erscheinen lassen.

---

[9] Vgl. Werle 2006, S. 118.

3. Historische Leerstellen

Die faktualen Ansprüche in *Zahra's Paradise* müssen in den ermittelbaren Funktionen liegen, die im vorigen Kapitel beschrieben wurden: Erinnerung und Präsentmachen von Gewesenem. Somit liegen die Ansprüche gleichermaßen bei Text und Rezipient. Erster präsentiert in unterschiedlicher Weise, zweiter wird angehalten zu erinnern und zu behalten. Zur Unterstützung der Funktionen bedarf es der Auffüllung sogenannter historischer Leerstellen durch den Leser. Was macht diesen Begriff aus?

Die aus der Rezeptionsästhetik entlehnte Leerstelle soll hier als Erkennungshilfe faktualer Ansprüche gesehen werden. Mit seinen Ausführungen zur Erzähltheorie und Geschichtswissenschaft offenbart Stephan Jaeger interessante Überlegungen zu „textuellen Leerstellen und die textuelle Erzeugung historischer Welten".[10] Dabei unterscheidet er anfangs zwischen historischen, fiktionalen und textuellen Leerstellen. Erstere treten seiner Meinung nach in Geschichtstexten unendlich oft auf, da die Historie einer stetigen Wandlung unterliegt. Neue Informationen können immer wieder Sachverhalte ändern und in anderem Licht erscheinen lassen.[11] Somit bestünde eine Veränderlichkeit bezüglich der faktualen Umwelt. Dagegen sind fiktionale Leerstellen „ontologisch, weil kein Referent außerhalb der fiktionalen Welt existiert" und textuelle Leerstellen im Text verankert, wobei sie „aber auf unterschiedliche Weise in der Interaktion mit dem Leser Sinn erzeugen" können.[12] „Der Leser muss Hypothesen über Zusammenhänge erstellen, um den Text verstehen zu können".[13]

Jaeger führt hiermit eine Problematik an, die seit Jahrzehnten existiert und sich mit der Frage auseinandersetzt, ob es innerhalb der Geschichtswissenschaft ein historisches Erzählen gibt, welches eine eigene Welt erschafft. Das hiesige Verständnis historischer Leerstellen soll sich dagegen nicht mit dem genannten Spannungsfeld der Fiktion und Geschichte befassen. Verstanden werden sollen sie

---

[10] Jaeger, Stephan: Erzähltheorie und Geschichtswissenschaft. In: Erzähltheorie transgenerisch, intermedial, interdisziplinär. Hrsg. v. Vera Nünning und Ansgar Nünning. Trier 2002, S. 250.
[11] Ebd., S. 250.
[12] Ebd., S. 251.
[13] Ebd., S. 251.

als Kombination von Jaegers zwei angeführten, historischen und textuellen Leerstellen. Erste bedient uns mit dem Namen und der Tatsache, dass zumindest scheinbar auf außertextuelles referiert wird. Dies gebührt dem Bezug auf Werles Äußerungen, dass das Dokument, hier mit faktischen Ansprüchen gleichgesetzt, Realität suggeriert, um letztlich die Funktionen zu erfüllen. Der Aspekt textueller Leerstellen, Hypothesen über Zusammenhänge zu erstellen, trifft insofern zu, dass der Leser von *Zahra's Paradise* gefordert ist, Details in Text und Comicbild zu erfassen und sie innerhalb des politischen und historischen Rahmens der werkseigenen Welt zusammenzuführen.

Die historische Leerstelle soll hier als probates Mittel gesehen werden, auf genannte Funktionen hinzusteuern. Dabei kann sie größere und kleinere Zusammenhänge herstellen, wobei mehrere kleine einen großen konstituieren können. So stellen (in diesem Verständnis) mehrere historische Leerstellen in der Suche nach Mehdi, durch seine Mutter und seinen Bruder, exemplarisch die Suche einer ganzen Gesellschaftsschicht nach ihren vermissten Kindern dar. Somit muss der Leser damit vorliebnehmen, dass es Mehdi durchgehend an einem Gesicht fehlt und sein Foto für unzählige, verschollene Studenten steht (Vgl. Abb. 1, S. 38)[14].

---

[14] Amir/Khalil: Zahra's Paradise. Die Grüne Revolution im Iran und die Suche einer Mutter nach ihrem Sohn. München 2011.

4. Der Comic *Zahra's Paradise* und seine Rezeption

4.1 Graphic Novel

Die faktualen Ansprüche von *Zahra's Paradise* liegen in den Funktionen, Geschehenes präsent zu machen und in Erinnerung zu behalten. Die historischen Leerstellen verlangen eine Aktivierung dieser Funktionen beim Leser. Doch welche äußeren Signale nehmen womöglich Einfluss auf die Rezeption des Comics? Liegt in der Bezeichnung Graphic Novel bereits der Hinweis, wie das Werk in seiner Gesamtform anzunehmen ist?

Hangartner markiert die vier gängigen Grundpfeiler der Graphic Novel mit den Begriffen der Epik, Komplexität und des Tiefgangs in ihrer Erzählweise sowie der Reflexion „statt vordergründiger Aktion".[15] Weiterhin führt er die sehr früh ausgesprochenen Erwartungen Will Eisners an, dass diese Gattung des Comics sich besonderer Themen und einer neuen, besonderen Umgangsform mit diesen annimmt. Die Hoffnungen liegen laut Eisner auf den Künstlern und ihrer Arbeit, mit den Bildergeschichten etwas Neues bzgl. der „Kommunikation", „Literatur" und der „Erforschung der menschlichen Gefühlswelt" zu schaffen.[16] Mit Bezug auf die hier bereits genannten Medien und deren Sicht auf den sogenannten Comic-Roman *Zahra's Paradise*, können wir hieraus keine befriedigende Antwort ziehen.

Die Bezeichnung Roman für einen Comic, welche bei Hangartner mit der Graphic Novel gleichgesetzt wird, kann uns allemal dessen Fiktionalität bescheinigen. Die Überprüfung hierauf hat sich aber spätestens mit dem Hinweis auf den Begriff des Dokuments und dessen Möglichkeit, selbst in fiktiven Texten aufzutreten, erledigt. Die fiktiven Charaktere und deren Leben wurden hierzu mehrfach erwähnt. Sicherlich kann *Zahra's Paradise* als Graphic Novel die erhofften Eigenschaften nachweisen. Der Comic kommuniziert mit seiner Geschichte eine Form der politischen Demonstration, eine Form der Aufmerksamkeit. Gleichzeitig wäre dies ein Beitrag zur, wie Eisner zitiert wird, „ernsthaften Literatur".[17] Diese schafft es

---

[15] Hangartner, Urs: Von Bildern und Büchern. Comics und Literatur – Comic-Literatur. In: Text + Kritik. Sonderband: Comics, Mangas, Graphic Novels. Hrsg. v. Heinz Ludwig Arnold und Andreas C. Knigge. München 2009, S. 37f.

[16] Ebd., S. 38.

[17] Vgl. ebd., S. 38.

nämlich, wenn auch in fiktionaler Gestalt, ein Abbild eines Ereignisses festzuhalten und zu kommunizieren, dessen reale Bilder durch staatliche Repression so oder so nicht existieren dürfen und können. Die Gefühlswelt in unserem Beispiel obliegt der Darstellung einer Familie, die ihren im Freiheitskampf befindlichen Sohn und Bruder vermisst und sucht.

Dennoch kann die Bezeichnung Graphic Novel keine ausreichende Betitelung sein, selbst auferlegte Ansprüche vertreten zu wollen. Thomas Becker gibt in seiner Untersuchung, ob genannte Gattung eine illegitime Medienkombination sei, den hier ausschlaggebenden Punkt preis. Der Begriff, so sagt er u.a., sei „nicht neutral, sondern bereits ein strategischer Einsatz eines Adelstitels im Kampf um die kulturelle Anerkennung von jenen Comicautoren, die nicht den Massenmarkt bedienen".[18]

Becker nimmt hier die immerwährende Diskussion auf, welche der Frage nachgeht, ob die Einordnung von Comics ins Fach der Graphic Novel letztlich nur aus marktwirtschaftlichen Gründen erfolgt. Kulturelle Anerkennung kann insofern verstanden werden, dass die Bildergeschichten den Weg in das Buchregal nehmen und nicht im Zeitschriftenregal ihren Platz finden. Gleichzeitig beansprucht sie somit ein spezielles Publikum. Erfüllt sie bspw. die Eigenschaften der komplexen und tiefgründigen Erzählstruktur und setzt sich vermeintlich von den gängigen Comiclesern ab, wird oftmals von einem ausgewählten Kreis von Erwachsenen gesprochen. Diesen Anspruch können sicherlich viele der auf dem Markt erhältlichen Graphic Novels erfüllen, allen voran auch *Zahra's Paradise*.

Das Werk von Amir und Khalil erfordert zwangsweise kein erwachsenes Publikum, aber ein reifes oder gefestigtes, welches mit den thematischen Besonderheiten umzugehen weiß. Darstellungen von Sex, Gewalt auf den Straßen sowie Folter in Gefängnissen und angedeutete Vergewaltigungen durch die dort arbeitenden Wärter entsprechen den vorausgegangenen Ausführungen. Sowohl die inhaltlichen Anforderungen durch Eisner als auch Beckers Einwände bzgl. des „Adelstitels" fänden hierin ihre Entsprechungen. Doch was bedeutet das für die hiesige Ausgangsfrage?

---

[18] Becker, Thomas: Graphic Novel – eine <illegitime> Medienkombination? In: Der neue Wettstreit der Künste. Legitimation und Dominanz im Zeichen der Intermedialität. Hrsg. v. Uta Degner und Norbert Christian Wolf. Bielefeld 2010, S.169.

Die Bezeichnung Graphic Novel deutet uns lediglich ihre innere oder äußere Beschaffenheit an. In Buchform präsentiert sie sich inmitten der ausschließlich textbasierten Lektüre und verspricht gleichzeitig außergewöhnliche Erzählstrukturen. Sie kann ebenso das Signal ausgeben, den Comic nach den Richtlinien eines Romans zu rezipieren. Allerdings ist sie darüber hinaus nicht imstande, die dahinter liegenden Funktionen beim Leser zu aktivieren, bzw. auf diese hinzuweisen. Der Untertitel von *Zahra's Paradise* selbst, „Die Grüne Revolution im Iran und die Suche einer Mutter nach ihrem Sohn", kann hier Abhilfe schaffen. Gehen wir von den faktualen Ansprüchen im Werk aus und nehmen Bezug zur scheinbaren Einbettung in einen historischen Kontext, müssen wir die Frage stellen, ob es sich dabei um einen sogenannten Geschichtscomic handelt.

4.2 Geschichtscomic

In seiner Dissertation beschäftigt sich René Mounajed mit dem Einsatz von sogenannten Geschichtscomics im Geschichtsunterricht. Dieses „Subgenre der Kunstgattung Comics", wie er es einordnet, definiere sich insbesondere durch seinen Handlungsablauf, welcher sich in einer „vergangenen (historischen) Epoche verorten lasse".[19] Dabei stellen sie Geschichte lediglich dar und sind nicht als Quelle anzusehen. Somit grenzen sich Geschichtscomics von jenen ab, welche als tatsächliche Geschichtsquellen verwendet werden können.[20] Zur genaueren Erscheinung des geschichtlichen Aspekts innerhalb dieser Comics nimmt Mounajed Bezug zum Didaktiker Michael Sauer, der verschiedene Möglichkeiten aufzeigt. So könne die im Werk verwendete Historie als Hintergrund dienen und genauso gut mit der eigenen Handlung verbunden sein, wichtige Personen der Geschichte können Hauptrollen übernehmen oder lediglich als Signal der „historischen Situierung" erscheinen.[21] Wie passt das vorliegende Werk in diese Schablone? *Zahra's Paradise* nutzt die Grüne Revolution im Iran, entstanden durch die Unruhen im Zuge der Präsidentschaftswahlen 2009, als zentrales Ereignis, von dem ausgehend

---

[19] Mounajed, René: Geschichte in Sequenzen. Über den Einsatz von Geschichtscomics im Geschichtsunterricht. Frankfurt am Main 2009, S. 46.
[20] Ebd., S. 46.
[21] Ebd., S. 47.

die Handlung des Comics einsetzt. Neben den fiktiven Charakteren erscheinen in verschiedener Form auch historische Personen, die zwar keine Hauptrollen innehaben, aber als Schlüsselfiguren eingeführt werden und sogar in Form ihres politischen Daseins zu Wort kommen (S. 54f.). Bereits zu Beginn wird auf den amtierenden Präsidenten verwiesen, der, abgebildet auf einem Flyer der Demonstranten, als Anlass der Proteste dargestellt wird (Vgl. S. 19). Wenig später wird, der allgemeinen Verfahrensweise der Geschichtswissenschaft entsprechend, mit Verweis auf die religiöse Führung des Staates die Ursache der Unruhen identifiziert (Vgl. S. 25).

„Geschichtscomics basieren", so führt Mounajed weiter aus, „auf den Geschichtsimaginationen ihrer KünstlerInnen".[22] Somit stehen dem Leser zunächst fremdgestaltete Bilder gegenüber, die wiederum zu eigenen Imaginationen verhelfen sollen. Geschichtscomics stellen ein Konstrukt dar, welches durch die Eigenschaften des Mediums selbst sowie durch die Inszenierung einer „vergangenen Welt aus Fakten und Fiktionen" sichtbar wird.[23] Diese Definition deckt sich mit den hiesigen Überlegungen zu den faktualen Ansprüchen innerhalb fiktiver Geschichten und Einfügungen von Dokumenten in selbige. Gleichzeitig betont Mounajed die Wichtigkeit der künstlerischen Intention. Zur Herstellung des Comics muss am Anfang die Frage nach dem Anspruch stehen, ein hinreichend historisches Werk zu erschaffen. Eine Entscheidung hierfür verlange eine dementsprechend korrekte Recherche des historischen Hintergrunds. Dabei betont er die Wichtigkeit der Balance zwischen Plot- und Bilddetail.[24] Bzgl. des historischen Lernens dürften auch authentische Bilder nicht ohne passenden, historischen Plot alleine im Raum stehen:

> „Je nachdem, wie intensiv und wie kompetent diese Bilddetail- und Plot-Recherche durchgeführt wird, und welche Rolle fiktive Elemente dann noch spielen, wird ein nicht nur unterhaltsames, sondern eben auch historisch lehrreiches Produkt von Geschichtskultur entstehen".[25]

Mounajed liefert den für hier wichtigen Unterschied zwischen der Bezeichnung Graphic Novel und der Einordnung in die Kategorie des Geschichtscomics. Während

---

[22] Mounajed 2009, S. 48.
[23] Vgl. ebd., S. 48.
[24] Ebd., S. 48.
[25] Ebd., S. 49.

erste, wie beschrieben, die Beschaffenheit dokumentiert, beschreibt zweite die Funktion des Comics. Der Geschichtscomic impliziert also die bereits herausgestellte, didaktische Komponente, welche anhand Werles Überlegungen zum Dokument und somit zu den hier angezeigten, faktualen Ansprüchen dargelegt worden ist. Die zeichnerische Adaption vom Tod der Studentin Neda Agha-Soltan während der Proteste 2009 kann dabei als Paradebeispiel der Balancefindung in Plot- und Bilddetail gesehen werden.

Zu Beginn des 14. Kapitels spricht der Erzähler und Blogger auf seiner Plattform vom „Internetkrieg". Zwei Bilder, bekannt aus dem historischen Kontext, werden in nachgezeichneter Form als Panels in die Erzählung integriert (Vgl. Abb. 2, S. 177). Erstes zeigt die sterbende Neda, zweites die Studentin im privaten Portrait. Beide Fotos sind bis heute die ersten Ergebnisse internetbasierter Bildrecherchen zum Thema. Der Plot übernimmt dieses Ereignis und die daraus resultierende Internetsperre im Iran. Der Text verbindet die frühzeitliche Strafe des Augenausstechens mit der modernen Methode der Medienrepression. Infolge des Realitätsbezuges und der darauffolgenden Reaktion des Copyshopbesitzers wird dieser als fiktiver Charakter gleichermaßen Opfer des Regimes.

Aktion und Reaktion können in hiesigem Verständnis als historische Leerstelle aufgefasst werden, da der Leser an die Wichtigkeit des Internets während der Revolution herangeführt wird und nur über das Informieren und Wissen hierüber die Tragweite nachvollziehen kann (der Leser wird darüber hinaus regelmäßig im Comic mit dem Erzähler als Blogger sowie dem Einsatz von Mobiltelefonen konfrontiert).[26] Die Analyse des Plots sollte so strenger genommen werden als die der Bilder. Vergangenes nur in Form von Bildern zu präsentieren und gleichzeitig Authentizität einzufordern, kann nicht funktionieren. „Dies gilt zwar ebenfalls für den Plot, hier lässt sich aber der Primat der Faktizität als Richtschnur durchaus enger ansetzen".[27]

Die Wirkung des Gesamtwerkes rückt somit in den Vordergrund. Um die Funktion des Präsentmachens von Gewesenem und dessen Erinnerung zu gewährleisten, muss in diesem Falle das reale Bild mit einem Realität beanspruchenden Text versehen werden. Der Geschichtscomic soll auf didaktischem Sektor das historische Lernen

---

[26] Vgl. http://www.welt.de/wirtschaft/webwelt/article3934068/Iraner-bekaempfen-die-Internet-Sperre-des-Regimes.html [Stand: 15.04.2012].
[27] Mounajed 2009, S. 49.

insofern fördern, dass nicht Fakten vermittelt werden, sondern über einen größeren Zeitraum eine längerfristige Auseinandersetzung mit dem vorliegenden, geschichtlichen Stoff stattfindet. Die Integration von historischen Bildern, wie hier an *Zahra's Paradise* nachgewiesen, soll dabei als „Authentizitätsbeteuerung" wahrgenommen werden.[28] Geschichtscomics lassen sich über ihre Funktion definieren, die in den hier aufgestellten, faktualen Ansprüchen messbar sind. Je stärker ihre Intention und ihr Bild-Plot-Verhältnis, umso eher erfüllen sie diese Funktion. *Zahra's Paradise* kann so diesem Subgenre zugeordnet werden.

Im nächsten Punkt soll an ausgewählten Beispielen geklärt werden, inwiefern durch Einsatzmöglichkeiten bei Bild und Text die bekannten Funktionen erfüllt werden können.

4.3 Bild-Text-Relation

Als Geschichtscomic liegt im Bild-Plot-Verhältnis und somit in Darstellungen und Texten von *Zahra's Paradise* dessen Funktion. Die ebenso wichtige Intention des Comics durch seine Autoren wurde im letzten Punkt, aber auch durch die Definition der historischen Leerstelle sowie die einleitenden Worte zur medialen Rezeption herausgestellt: Zeichner und Textschreiber wollen gleichermaßen die Grüne Revolution im Iran in Erinnerung bringen.

Im Zuge der ersten Überlegungen zu den faktualen Ansprüchen und dem Dokumentbegriff Werles wurde diesem die Besonderheit zugeteilt, aus bestimmtem Zweck auf Faktisches zu referieren. Als Instrument der Erkenntnisgewinnung und Vermittlung sei es etwa dem Augenzeugenbericht gleichzusetzen. *Zahra's Paradise* versucht durchgehend solche beweiskräftige Darstellungen durchzusetzen. Regelmäßig wird der Leser hierzu mit Erzählungen unterschiedlicher Figuren konfrontiert. Dabei dient immer wieder der Einsatz sogenannter Blockkommentare, welche, im Gegensatz zu den bekannten Sprechblasen in Comics, in Kastenform

---

[28] Vgl. Mounajed 2009, S. 50.

auftreten und keinerlei Dornen oder andere, ähnliche Verbindungen zu den Figuren aufweisen.[29]

Als einfache Operatoren der Verknüpfung, bspw. zum Ortswechsel oder zur Überbrückung eines zeitlichen Abstands, oder als Träger eines Textes mit extradiegetischen Status kann der Blockkommentar verschiedenen Nutzen haben. Oftmals legt er einen inneren Monolog dar.[30] In unserem Fall dient er vorrangig dem Festhalten bestimmter Ereignisse sowie der dazugehörigen Bewertung seitens der erzählenden Figur. Wenn sich die erzählende Figur mit normalen Sprechblasen währenddessen ihrem fiktiven Gegenüber zuwendet, ist der Wechsel in Text (durch Blockkommentar) und Bild (historische Orte oder politisch motivierte Ereignisse) als Richtungsänderung zum Leser hin zu verstehen. Ein entstehender Eindruck von Objektivität und Nüchternheit im Erzählen ist der erhofften Qualität eines Augenzeugenberichts geschuldet.

Ein erster Moment dieses Richtungswechsels ist die Schilderung von der Mutter des vermissten Mehdi, wie sie das Verschwinden ihres Sohnes bemerkte (Vgl. Abb. 3, S. 18f.). Im Gespräch mit ihrer Freundin Miriam, dargestellt mit typischen Sprechblasen, wechseln, mit Unterbrechungen, der Text zum Blockkommentar und die Bilder zu Aufnahmen, welche auf Proteste erfolgte Ereignisse protokollieren. Die Darstellungen dieser Orte und Ereignisse können anscheinend in ihrer Wichtigkeit die Beschaffenheit der genutzten Panels beeinflussen. So wird der Leser Zeuge, wie riesig der iranische Platz der Freiheit ist – gemessen an der scheinbaren Winzigkeit der Mutter und ihres zweiten Sohnes Hassan, Erzähler und Blogger der Geschichte. Das Panel beansprucht dabei bereits ein Drittel der gesamten Seite. Aufgrund des Kommentars der Mutter sowie dem bereits erwähnten Protestflyer wird der Leser vor die Tatsache gestellt, dass eine Demonstration stattgefunden hat. Das Wissen hierüber, im Zuge der Grünen Revolution, wird gegenüber dem außenstehenden Beobachter der Szenen vorausgesetzt.

Unterbrochen wird die Berichterstattung der Mutter im Verlauf der Erzählung nur durch Hassan, der in seinem Monolog (ebenso dargestellt in Blockkommentaren),

---

[29] Schüwer, Martin: Erzählen in Comics: Bausteine einer Plurimedialen Erzähltheorie. In: Erzähltheorie transgenerisch, intermedial, interdisziplinär. Hrsg. v. Vera Nünning und Ansgar Nünning. Trier 2002, S. 209.
[30] Ebd., S. 209.

meist am Computer sitzend, die familiären Erlebnisse kommentiert und beurteilt (Vgl. S. 21, 25, 30). Er erinnert den Leser gleichzeitig an seine eigene Anwesenheit als übergeordneter Erzähler, der im eigenen Blog erlebte Geschehnisse niederschreibt und dem Comicleser wiederum die Chance gibt, durch Hervortreten anderer, erzählender Figuren (wie seine Mutter) den Inhalt persönlich wiedergeben zu lassen. Somit stehen dem Leser vielfältige Beschreibungen und Werturteile verschiedener Figuren aus verschiedenen Generationen und Schichten zur Verfügung. Dies lässt sich als Indiz für eine literarische Montage ansehen, die hier bereits im Zuge der Erkennung von Dokumenten genannt wurde.[31] Durch das Einfügen von scheinbaren Augenzeugenberichten wird der Eindruck vermittelt, aufgrund hoher Faktizität derartige Unterbrechungen und Stilbrüche (bspw. durch Aussagen und subjektive Interpretationen) sehr gerne gewähren zu lassen. So schaltet sich der Erzähler auch beim Bericht der Mutter stets nur kurz dazwischen.

Weiterführend kann sie so von der folgenden Nacht in Teheran (Vgl. Abb. 4, S. 21) berichten und den gezeichneten Menschen mit ihren Worten eine Stimme verleihen. Sie diagnostiziert dem Widerstand eine gewisse Macht und identifiziert die Schreie als Freiheitsrufe. Ihr Bericht aus dem Krankenhaus (Vgl. Abb. 5, S. 22 u. 23) gibt zugleich einen einmaligen, oftmals verschlossenen Einblick in die Folgen der Revolution. Bild und Text halten ein studentisches, junges Milieu als treibende Kraft der Proteste fest, welches aber der Mithilfe anderer Generationen bedarf. Der Vergleich mit den Goldfischen ist ein Rückbezug auf den Prolog und den dort getöteten Welpen, welche der Erzähler Hassan als „verlorene Generation" beschreibt (Vgl. S. 14).

Ein weiteres Beispiel für einen integrierten Augenzeugenbericht ist u.a. die Geschichte des Copyshopbesitzers Taymour (Vgl. Abb. 6, S. 66 u. 67), welcher während der Ausschreitungen mehrere Demonstranten bei sich aufnahm und sehr genau die Situation schildert. Er berichtet im Stile einer polizeilichen Aussage von seiner Rettungsmaßnahme eines selbst noch jungen Religionswärters vor einer aufgebrachten Menge von aggressiven Demonstranten. Dabei verzichtet er auf einen politisch motivierten Text und markiert somit eine moralische Grenze zwischen den verfeindeten Parteien. Seine Tat, so begründet er es in einem Schlagabtausch mit

---

[31] Vgl. S. 5.

dem Erzähler und Blogger Hassan, fuße in seinem religiösen, humanen Verständnis und „dem persischen Kodex der Ritterlichkeit" (S. 68).

Anhand der hier beispielhaften, angeführten Augenzeugenberichte können wir die faktualen Ansprüche klar verorten. Sie decken den zu Beginn abgesteckten, ethisch-moralischen und didaktischen Sektor ab. Erster Punkt wird mit einem unabhängigen, unpolitischen Blick auf Gewesenes erschlossen. Als Beispiele dienen hier u.a. die Mutter Mehdis, welche auf ihrer Suche zunächst nicht mit der staatlichen Gewalt konfrontiert wird und anstatt der Benennung Schuldiger den Leidenden Platz des Inhalts schenkt. Taymour hingegen setzt sich sogar für einen Vertreter der angeprangerten, religiösen Obrigkeit ein und appelliert somit ebenfalls an die Zwischenmenschlichkeit. Gleichzeitig muss sich der Leser mit den Ursprüngen und Gründen der Proteste auseinandersetzen und unaufgefordert historische Leerstellen auffüllen. Hierdurch wird der didaktische Teil des Sektors ausgemacht. Das hiermit erforderte, historische Lernen wird aus Werles Fragen nach der Schuld, dem Nicht-Vergessen und der historischen Verantwortung konstituiert.[32]

Alle diese Aufgaben werden durch die vorgestellten Dokumente, bzw. Augenzeugenberichte und weitere Textstellen aufgegriffen. Die Schuldfrage wird demnach durchgehend in der religiösen Obrigkeit gesucht, weniger beim Präsidenten und dessen Mitstreiter. Die Einbettung historischer Bilder trägt zum Nicht-Vergessen bei, die historische Verantwortung liegt nicht nur im Beilegen eines möglichen, generationsbedingten Konfliktes, sondern auch im Benennen außerstaatlicher Aspekte wie Waffenlieferungen aus China.

Die daraus entstehende Funktion, Erlebtes präsentzumachen, kann mit einem Blick aufgenommen werden. Als der Regierungsbeamte vor dem Gefängnis von Hassans Mutter auf den Protestmarsch angesprochen wird und Unwissenheit vermittelt (S. 39), interveniert der Comic mit einer Abbildung über zwei Seiten und dem Kommentar des Bloggers (Vgl. Abb. 7, S. 40 u. 41). Anders als sein Text, der vom leichten Verschwinden dieser Masse berichtet, kann diese Bewegung nicht vergessen werden. Seine Sätze gehen neben den von bekannten (historischen) Fotos

---

[32] Vgl. S. 5.

übernommenen Schildern nahezu unter.[33] Auch der starre Blick des für die heutige Situation verantwortlich gemachten und bereits verstorbenen Ayatollah Chomeini kann den Moment, den gezeichneten Fluss von Menschen, vorerst nicht stoppen.

4.4 Besondere Darstellungen

Neben den eingefügten Augenzeugenberichten und dem realitätsbekundenden Bild-Plot-Verhältnis nutzt *Zahra's Paradise* auch wenige, comictypische Darstellungen in Form von Überzeichnungen oder Verfremdungen. Derartige Verfremdungen können auch in Geschichtscomics, wie z.b. Spiegelmanns *Maus*, den eigenen, verschiedenen Funktionen oder dem Umgehen inhaltlicher Schwierigkeiten nützlich sein.[34] Das vorliegende Werk spart an Abstraktem und überlässt dem Leser die Chance, auch in besonderen und vom (real gehaltenen) Bild-Plot-Verhältnis abweichenden Darstellungen faktuale Ansprüche zu identifizieren. Hierzu soll kurz auf zwei Bilder verwiesen werden.

Das Ende des fünften Kapitels zeigt Hassan im Schlaf und dem Leser die Verbildlichung seines Traums (Vgl. Abb. 8, S. 90). Angelegt an das Deckengemälde zur Erschaffung Adams aus der Sixtinischen Kapelle, reicht Ayatollah Chomeini dem gegenwärtigen religiösen Oberhaupt, Ayatollah Chamene'i, den, gemäß der Vorlage, lebenserweckenden rechten Zeigefinger. Der an der biblischen Schaffensgeschichte orientierte Text („und der Ayatollah sah, dass es gut war") erfasst den Kran als eingesetztes Machtinstrument des religiösen Oberhaupts. Text und Bild erfordern die Verbindung historisch-politischer und religiöser Aspekte der Machtausübung im Iran. Es soll auf Schuld und Verantwortung sowie speziell auf das Erhängen an Kränen hingewiesen werden. Dem ist die deutliche Erkennbarkeit der realen, historischen Personen verschuldet.

Ähnlich ist die Sequenz, in welcher sich Hassan mit Hilfe einer jungen Frau in das Netzwerk des Justizministeriums hackt (Vgl. Abb. 9, S. 168 u. 169). Seine rezipierte Flut an Daten und komplexen, undurchsichtigen Vorgängen zeigt sich dem Leser in Form einer menschenverachtenden Fabrik, angetrieben durch die gleichen

---

[33] http://i.telegraph.co.uk/multimedia/archive/01425/tehranProtesters6_1425097c.jpg [Stand: 15.04.2012].
[34] Vgl. Mounajed 2009, S. 64.

historischen Personen und genährt durch alle Institutionen der Exekutive. Trotz dargestellter Komplexität über zwei Comicseiten lassen sich die Verantwortlichen sowie die Opfer gleichermaßen identifizieren. Die faktualen Ansprüche liegen in der dekonstruktiven Deutung aller verwendeten Teile und deren Ergebnis.

4.5 Glossar und Anhang als Rahmen

In der Bezeichnung Geschichtscomic, den Bildern und Texten sowie besonderen Darstellungen in *Zahra's Paradise* konnten sich bisher die faktualen Ansprüche und zugehörige Funktionen verorten lassen. Doch welche Rolle übernehmen hierbei das Glossar und der Anhang?

Mounajed sieht in der Bandbreite aller Erzählungen das größte Problem in „einer fehlenden oder mangelhaften Ausweisung von Fiktionen (und Fakten)".[35] Die Gefahr liege in der Suggestion. Leser könnten durch eine Narration aus Wort und Bild nicht genau zwischen Fiktion und Fakten unterscheiden und könnten sogar durch „fiktive Authentizitätsbeteuerungen" fehlgeleitet werden.[36] Ein Einsatz, bspw. im Geschichtsunterricht, wäre somit nicht ratsam. Er fordert deswegen als Anhang eine Kommentierung des Autors mit Daten zu den erfundenen Elementen des jeweiligen Comics.[37] Amir und Khalil gehen einen hiermit eng verbundenen Weg. Zunächst bieten sie ein ausführliches Glossar. Hierin werden sämtliche im Werk auftretende, bzw. erwähnte Biographien, Bräuche, Begriffe und Namen erklärt. Der Handlungsablauf wird für den Leser somit nur kurz unterbrochen, teilweise werden einige Begriffe noch per Fußnote am Panel selbst geklärt. Das Auffüllen historischer Leerstellen und das Verknüpfen von Text- und Bildelementen sollen so gesichert werden. Der Anhang vervollständigt den Rahmen des Werks und erfüllt zugleich eine aufklärerische Komponente.

Die Autoren geben die genaue Rezeption des Comics an: „In *Zahra's Paradise* haben wir uns der Geschichte durch das Prisma der Fiktion genähert. Keiner von uns war in der Lage, die Fakten um die iranischen Präsidentschaftswahlen zu dokumentieren" (S. 238). Ihr Ziel definieren sie nicht mit der Vortäuschung

---

[35] Mounajed 2009, S. 113.
[36] Ebd., S. 113.
[37] Ebd., S. 113.

historischer Objektivität, sondern mit der Darstellung der leidenden Bevölkerung (S. 238). „Die Details und Dimensionen dieser Tragödie lassen sich nicht ermessen. Sie betreffen zugleich das Recht, die Politik, die Religion und die Kultur" (ebd.). Zunächst sprechen sie so die affektiven Aspekte von Geschichtscomics an. Die Leser sollen für das Thema emotional erreicht werden[38] – ob eine solche, möglicherweise starke Beeinflussung positiv oder negativ zu beurteilen ist, vermag die Arbeit an dieser Stelle nicht zu beantworten. Die nicht zu ermessenen Details und Dimensionen der sogenannten Tragödie, welche vier Grundpfeiler der gesellschaftlichen Basis betrifft, ist für hiesige Überlegungen ein Rückbezug auf die zwei herausgehobenen, besonderen Darstellungen. Eine solche Informationsflut, betreffend Opfer, Täter und Gegenstände, ist, ob fiktiv oder real, nicht mehr ohne abstrakte, zusammenfassende Bilder festzuhalten. Mögliche faktuale Ansprüche obliegen ab diesem Zeitpunkt nur noch der Einschätzung der Leser. Selbst die Fiktion vermag es nicht, in diesem Moment eine nicht begreifliche, für unwahr zu haltende Komplexität abzubilden.

Während ihr Anhang als Rahmen für das Werk dessen Fiktionalität aufrechterhält, unterstützt er den Leser zugleich im Aufspüren der gesetzten, faktualen Ansprüche:

> „Als die Schöpfer von *Zahra's Paradise* können wir nicht so tun, als gebe es keine Verbindung zwischen Fiktion und Realität [...] Wenn wir Erfolg haben, dann weil Fiktion ein Fenster zur Realität öffnen kann, wenn die Realität selbst zu schmerzlich, zu entfernt, zu stumm oder unerreichbar ist. Was durch dieses Fenster geschieht, mag jeder selbst entscheiden."(S. 239)

Zuletzt folgen im Anhang u.a. recherchierte Informationen zu den Wahlen 2009, dem Arabischen Frühling, Kränen und Todesstrafen sowie der Studentin Neda. Das Buch endet mit fast 17 000 Namen aller Opfer seit Gründung der Islamischen Republik. Die Entscheidung über den Umgang mit den faktualen Ansprüchen obliegt zuletzt dem Leser.

---

[38] Vgl. Mounajed 2009, S. 109ff.

5. Zusammenfassung

Wie und woraus entstehen die faktualen Ansprüche in *Zahra's Paradise*? Die hier sogenannten, faktualen Ansprüche wurden, unabhängig von der Fiktionalität oder Nicht-Fiktionalität des Comics, dem Dokumentbegriff gleichgesetzt. Beide definieren sich über ihre Funktion des Erinnerns und Präsentmachens von Gewesenem. Die historische Leerstelle gibt dieser Funktion in gewisser Weise ihre Kohärenz. Politisch-historische Punkte der fiktiven Geschichte müssen auf verschiedenen Wegen zusammengeführt werden, um letztlich den Prozess zu festigen. Doch wo sind in der Rezeption selbst diese Ansprüche zu verorten? Liegen sie in der Bezeichnung als Graphic Novel? – Nein. Dies kann uns nur die Beschaffenheit des Comics darlegen, aber keine implizierte Funktion präsentieren. Hierzu konnte nachgewiesen werden, dass es sich bei *Zahra's Paradise* um einen Geschichtscomic handelt. Diese nutzen historische Szenarien und sollen grundsätzlich das historische Lernen fördern. Ebenfalls unabhängig von Fiktion und Realität nehmen sie so einen didaktischen Sektor ein, der bereits für unsere faktualen Ansprüche herausgestellt wurde. Was bedeutet das?

Bild und Text des Comics wiesen die Einbettung von Augenzeugenberichten der fiktiven Figuren auf und bestätigten somit den Einsatz des Dokuments. Das Zusammenspiel von beiden Komponenten vermittelt den starken Eindruck der Realitätsdarstellung und fordert das Auffüllen der historischen Leerstellen. Die besonderen Bilder stehen zuletzt für das Überschreiten des Darstellbaren und die faktualen Ansprüche, die der Leser nun alleine für sich in der Auseinandersetzung mit ihnen komplementieren muss. Mit Glossar und Anhang bestätigen die Autoren die hiesigen Ergebnisse und sprechen sich von sämtlichen Wahrheitsbekundungen frei, um diese Aussage kurze Zeit später wieder zu relativieren. Der Leser bleibt in seiner Deutung der faktualen Ansprüche somit unabhängig und in weiteren Recherchen ungestört. Die Wechselbeziehung zwischen Leser und Text zeichnet sich durch bleibende Unvoreingenommenheit aus. Beide können mit offenen Karten spielen: die persönliche und freie Beschäftigung mit der Grünen Revolution im Iran steht im Mittelpunkt.

Literaturverzeichnis

Primärliteratur

Amir/Khalil: Zahra's Paradise. Die Grüne Revolution im Iran und die Suche einer Mutter nach ihrem Sohn. München 2011.

Sekundärliteratur

Becker, Thomas: Graphic Novel – eine <illegitime> Medienkombination? In: Der neue Wettstreit der Künste. Legitimation und Dominanz im Zeichen der Intermedialität. Hrsg. v. Uta Degner und Norbert Christian Wolf. Bielefeld 2010, S. 167-185.

Hangartner, Urs: Von Bildern und Büchern. Comics und Literatur – Comic-Literatur. In: Text + Kritik. Sonderband: Comics, Mangas, Graphic Novels. Hrsg. v. Heinz Ludwig Arnold und Andreas C. Knigge. München 2009, S. 35-56.

Jaeger, Stephan: Erzähltheorie und Geschichtswissenschaft. In: Erzähltheorie transgenerisch, intermedial, interdisziplinär. Hrsg. v. Vera Nünning und Ansgar Nünning. Trier 2002, S.237-263.

Martinez, Matias/ Scheffel, Michael: Einführung in die Erzähltheorie. München, 8. Aufl. 2009.

Mounajed, René: Geschichte in Sequenzen. Über den Einsatz von Geschichtscomics im Geschichtsunterricht. Frankfurt am Main 2009.

Schüwer, Martin: Erzählen in Comics: Bausteine einer Plurimedialen Erzähltheorie. In: Erzähltheorie transgenerisch, intermedial, interdisziplinär. Hrsg. v. Vera Nünning und Ansgar Nünning. Trier 2002, S. 185-216.

Werle, Dirk: Fiktion und Dokument. Überlegungen zu einer gar nicht so prekären Relation mit vier Beispielen aus der Gegenwartsliteratur. In: Non Fiktion 1 (2006), S. 112-122.

Internetverweise

Artikel zu Zahra's Paradise:
http://www.spiegel.de/kultur/gesellschaft/0,1518,700345,00.html [Stand: 15.04.2012].

Artikel zur iranischen Internetsperre:
http://www.welt.de/wirtschaft/webwelt/article3934068/Iraner-bekaempfen-die-Internet-Sperre-des-Regimes.html [Stand: 15.04.2012].

Bild zum Protestmarsch im Iran 2009:
http://i.telegraph.co.uk/multimedia/archive/01425/tehranProtesters6_1425097c.jpg [Stand: 15.04.2012].

Abb. 1

Abb. 2

Abb. 3

Abb. 4

Abb. 5

Abb. 6

Abb. 7

Abb. 8

Abb. 9